Bibliografische Information der Deutschen Nationalbibliothek:

Die Deutsche Nationalbibliothek verzeichnet diese Publikation in der Deutschen Nationalbibliografie, detaillierte bibliografische Daten sind im Internet über http://dnb.d-nb.de abrufbar.

©2020 Martina Kainz

Herstellung und Verlag: BoD- Books on Demand, Nordstedt

ISBN: 9783751978835

Dieses

Buch

gehört:

Geschlecht

Datum

Das erste Foto von mir

Mein Name ist: _____

Mein Geburtstag ist am: _____

Meine Fellfarbe ist: _____

So kam ich zu dir:

_____

_____

_____

_____

_____

_____

_____

_____

_____

Unsere Geschichte

Foto

Foto

Das ist meine Chipnummer

Ich bin ein (Rasse, Mix aus…):

_____

_____

Mein vollständiger Name ist:

_____

_____

Davor wohnte ich:

_____

_____

Foto

Foto

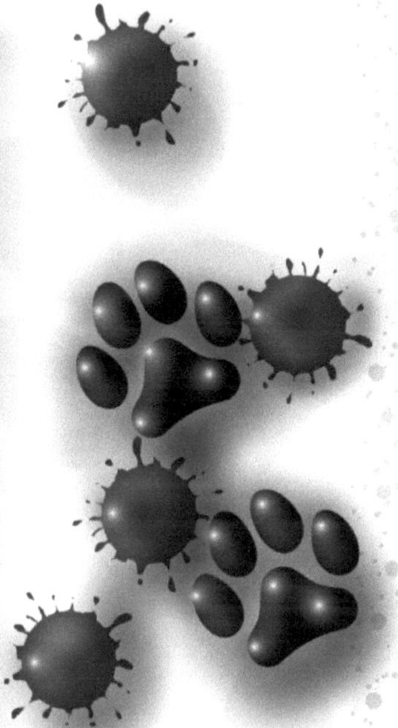

Foto

Mein neues Zuhause

Mein Frauchen / Herrchen heißt:

_____

_____

_____

Hier wohnen wir:

_____

_____

Das ist auf der Welt passiert, als ich kam:

_____

_____

Foto

Foto

Foto

Foto

Mein neues Zuhause

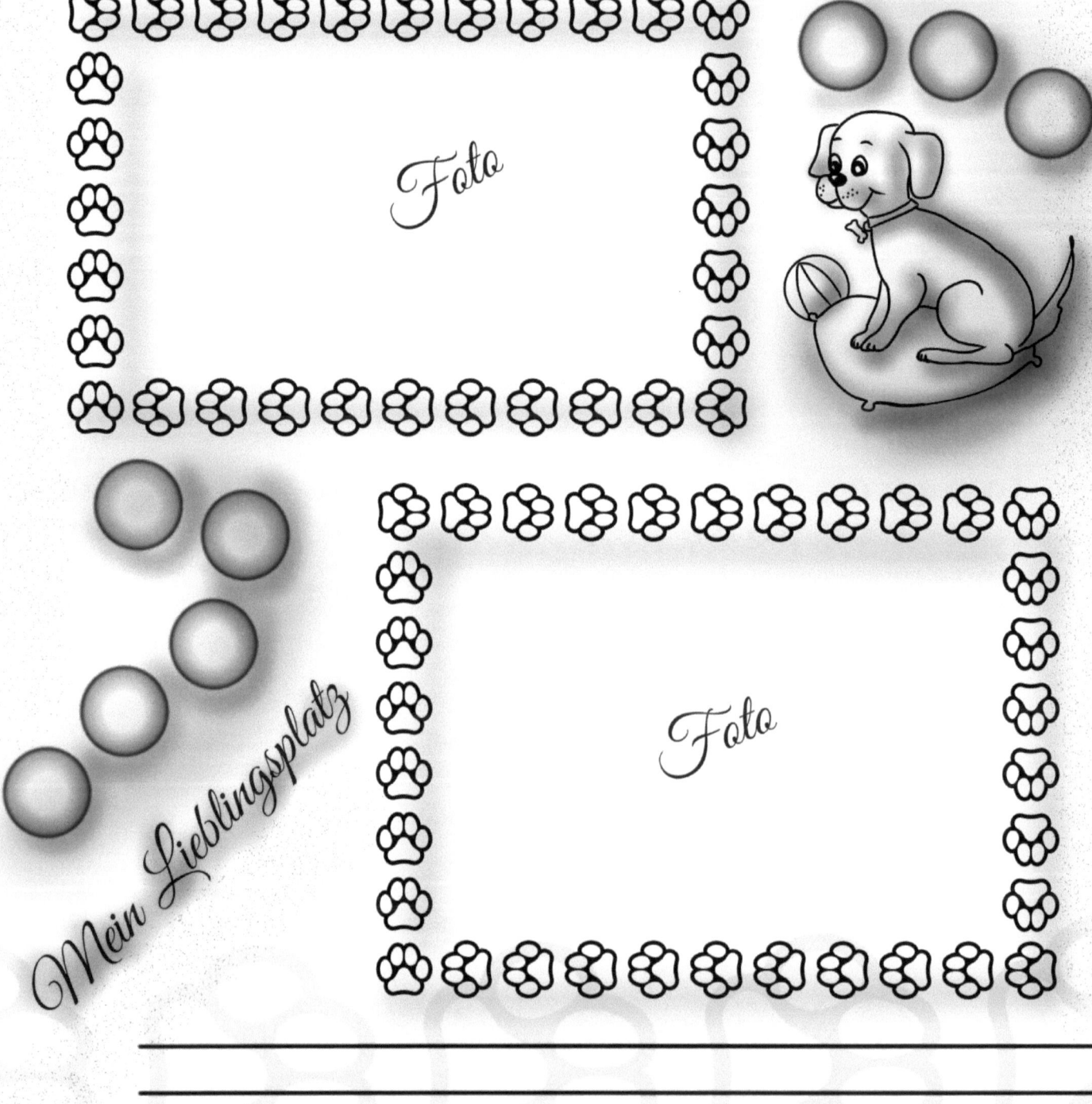

Foto

Foto

Mein Lieblingsplatz

Foto

Foto

 Mein Spielzeug und meine Schlafpose

Mein Pfotenabdruck als ich zu dir kam

_____
Datum

Mein Pfotenabdruck jetzt

_____

Datum

Meine 2 und 4 beinige Freunde

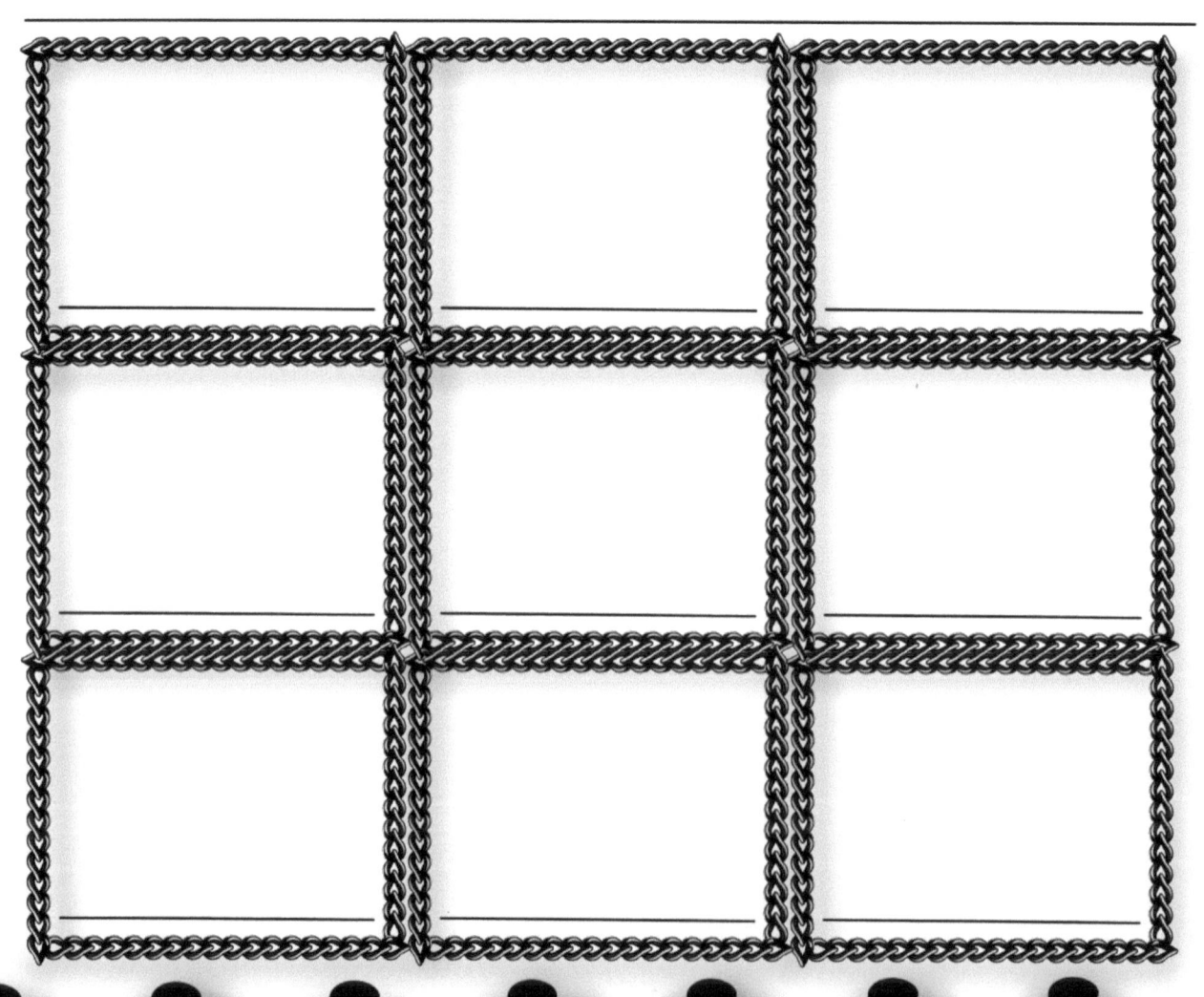

Meine Familie

Foto

Foto

Foto

Foto

Foto

Foto

Foto

Meine Ausflüge

 # Meine Erlebnisse

Foto

Foto

Foto

Foto

_____

_____

_____

_____

_____

_____

Meine Urlaube

Foto

Foto

Foto

Foto

Urlaub

_____

_____

_____

_____

_____

_____

_____

_____

Abenteuer

_____

_____

_____

_____

_____

_____

_____

_____

_____

Foto

Foto

Meine Erkundungen

_____

_____

_____

_____

_____

_____

_____

_____

_____

Foto

Das ist mein Fell

Hier ein Stück
Fell reinkleben

Da war ich krank

_____

_____

_____

_____

_____

_____

_____

_____

Meine Schwächen

_____

_____

_____

_____

_____

_____

Meine Stärken

_____

_____

_____

_____

_____

_____

_____

Das mag ich am liebsten

_____
_____
_____
_____
_____
_____
_____
_____

Das mag ich nicht

_____
_____
_____
_____
_____
_____
_____
_____
_____

Das habe ich schon angestellt

Ich beim Toben

Foto

Foto

Foto

Das esse ich am liebsten

_____

_____

_____

_____

Mein Tierarzt heißt: _____

_____

_____

Ich wiege:

Datum	Kg

1. Geburtstag

2. Geburtstag

Foto

Foto

3. Geburtstag

4. Geburtstag

Foto

Foto

5. Geburtstag

6. Geburtstag

Foto

Foto

7. Geburtstag

8. Geburtstag

Foto

Foto

9. Geburtstag

10. Geburtstag

Foto

Foto

11. Geburtstag

12. Geburtstag

Foto

Foto

13. Geburtstag

14. Geburtstag

Foto

Foto

15. Geburtstag

16. Geburtstag

Foto

Foto

 *Notizen*

Notizen

_____
_____
_____
_____
_____
_____
_____
_____
_____
_____
_____
_____
_____
_____
_____
_____
_____

 *Notizen*

_____

_____

_____

_____

_____

_____

_____

_____

_____

_____

_____

_____

_____

_____

_____

_____

_____

_____

Wenn ein Hund nur darf, wenn er soll,
aber nie kann, wenn er will,
dann mag er auch nicht, wenn er muss!
Wenn er aber darf, wenn er will,
dann mag er, auch wenn er soll,
und dann kann er, auch wenn er muss...
Denn...Hunde, die können sollen,
müssen wollen dürfen...!!!

(Graffiti Berlin)